AGRADE

A mi hijo:

Por darle sentido a mi vida. Por h   ⎣nder que aún se podía querer más, cuando te sostuve en   ⎦s nada más nacer. Por hacerme reír y sorprenderme del gran corazón que tienes, aún con lo pequeño que eres. Porque aunque apenas sabes leer, compartimos cuentos. Porque me encanta cuando me pides que te lea o que me invente una historia para ti. Por decirme: "mama, tú ya eres escritora, aunque nadie lo sepa". Por sentarte conmigo a escuchar poesía. Por los días en los que jugamos a "hacer rimas" en los trayectos de coche. Por amarme y llamarme MAMÁ, con esa voz que me derrite. Y hasta por querer usar mis plumas para dibujar, aunque a veces me moleste. Por todo. Por tanto.

A mi abuela:

Porque no hay día en que no me acuerde de ti... Porque no hay días de frío en los que no te recuerde sin tu bata y tu gorro. Porque no hay Navidades en las que no haya huevos rellenos en mi mesa, en homenaje a los tuyos (aunque nunca me saldrán tan bien). Porque no hay vez que no ponga tu tocadiscos y no te imagine sonriendo. Porque no hay villancicos sin la botella de ron rascando con la cucharita del café. Porque no hay en mis estanterías un lugar sin tus libros de poemas. Porque no hay nadie en este mundo que me llame "Isabelita" con el mismo amor en que lo hacías tú. Porque no hay para mí, un final de septiembre más triste que el día en el que te fuiste. Porque no hay poema de Machado que no me recuerde al que te puse, en tu recordatorio de muerte. Porque no hay baile de salón que no me recuerde a lo bien que bailabas con el abuelo. Porque no hay día en que no mire una foto tuya. Porque si pienso en algo bonito de mi infancia, sale tu nombre, nuestra complicidad y el sentimiento de amor puro y recíproco que nos teníamos. Porque para irte elegiste el momento más feliz de mi vida (en el fondo creo que sabías era la única manera de soportar pensar que ya no ibas a estar). Porque siempre has sido un ejemplo de bondad, compañerismo y buen humor. Porque cierro los ojos e imagino tu letra temblorosa en las notas que me dejabas. Porque amaste a mi hijo a pesar de que sólo lo viste tres veces. Porque no hay día en el que vuelva al barrio y alguien no me diga: "que buena era tu abuela" o "como la echamos de menos". Porque en mi mente siempre estarás diciéndome: "Isabelita, ¿leemos mi libro de poesía?". Porque hiciste de mí una mujer fuerte y me enseñaste que pese a todo, hay que tomarse la vida con humor. Y porque este libro sin ti no existiría, si no me hubieses enseñado a amar las letras de la forma en que las amo.

A mi familia:

Por el apoyo incondicional en todas mis ideas locas y creativas. Por entender que a veces las personas soñadoras vamos y venimos con frecuencia y necesitamos algo más de espacio, en algunas cosas. Por ver con normalidad que escribir es mi forma de vida y mi forma de evadirme para sanar mi malestar. Por escuchar las historias de los libros que me estoy leyendo. Por interesaros por mis nuevas creaciones y criticarlas desde el amor. Por sentaros a escuchar mis proyectos. Por recordarme, que me parezco a la abuela . Sin vosotr@s tampoco hubiese sido posible que hoy vaya a publicar mi primer poemario.

A mis amigos:

Por reírse conmigo de mis peculiaridades. Por quererme y aceptarme como soy. Por cuidarme. Por hacerme ver que ser intensa, no es malo. Por leer mis poemas y relatos. Por compartirlos. Por ayudarme a escoger y hasta corregirme, si me equivoco. Por tratar con respeto mi forma compleja de vivir. Por regalarme libros de poesía en mis cumpleaños. Por entender mi humor. Por los días de vino y sushi, de manta y película, de tanga en la piscina y los días en los que pasáis a

100 poemas de pasión

Isa Calixto

@isacalixtoletras

verme, pero os quedáis a comer y a cenar. Por apoyarme y acompañarme en mis idas de olla y seguir queriéndome como lo hacéis. Sin amistad un corazón nunca está completo y yo tengo la suerte de conocer el verdadero significado de ello.

A mí misma:

Porque aunque la vida no me lo ha puesto fácil, siempre he tenido los cojones suficientes para mirar de frente y con la cabeza alta. Porque aprendí que caerse no es lo que importa, sino levantarse de nuevo. Porque me he permitido cambiar de opinión sin juzgarme. Porque he confiado en mi capacidad de seguir haciendo lo que me gusta. Por andar con valentía y seguridad ante mis miedos. Por reconocer mis errores. Por obligarme a sonreír después de una noche de llorera. Por ayudar a mi familia y amigos cuando lo han necesitado. Por pensar "tú puedes, porque ya has podido con esto anteriormente…". Por ver color en los días grises. Por devorar libros para evadirme en lugar de hacer algo peor, cuando he tocado fondo. Por perdonar y perdonarme. Por aceptar mi imperfección. Por ser una perseguidora de sueños. Por ser una cabezona. Por amar el arte y vivir saltando de letra en letra. Por abrazar de corazón. Y sobre todo por romper mi coraza, desnudar mi alma y compartir con los demás mis poemas. Sin eso, tampoco hubiese sido posible este libro.

PRÓLOGO

Autora: Isabel Molina Calixto.
Pseudónimo: Isa Calixto.

Utiliza su segundo apellido como preferencia, haciendo honor a su linaje materno. Nacida el 05-08-1984, en Esplugues de Llobregat, Barcelona. Reside y se cría hasta los 30 años, en Cornellá de Llobregat, barrio que la vio crecer y convertirse en mujer, el cual, le trae muy buenos recuerdos. Pero la vida da muchas vueltas, y el destino le depara algo mejor cerca del mar, en Cunit, un pueblo costero, provincia de Tarragona, en el cual reside actualmente.
Mujer pasional y sensible, creativa hasta la médula. Ama el arte en todas sus vertientes y le falta vida para tanto aliciente. Escribir, como una forma de vida, es algo que vive en ella. No obstante, aprender a tocar la guitarra, o pintar con acuarela… Son algunas de sus últimas inquietudes. Si bien es cierto, que es tan soñadora, que podría ilusionarse con cualquier otro hobby muy diferente de una forma repentina y amarlo como si llevase toda una vida haciéndolo.
Empieza a leer a los cinco años de edad y desde que tiene uso de razón, recuerda como su abuela le leía poemas. Escribe diarios en la adolescencia y ama la poesía. Recopila poemas escritos por ella desde los 13 años, pero no es hasta los 35, que empieza a publicar sus poemas en redes sociales (Instagram:@isacalixtoletras), movida por una fuente importante de confianza de sus familiares y amigos. Y gracias al amor y la confianza ciega recibida, decide lanzar su primer poemario, cargado de ilusión.

Título de la obra: 100 poemas de pasión. Escrito desde lo más profundo del corazón, desde la rotura de una coraza, desde el amor. Desde la pasión que quema. Desde la desnudez del alma. A veces con un buen vino y chocolate negro y otras, mirando al mar y dejándose llevar por un cielo lleno de estrellas.
De sus más de 400 poemas de pasión, ha seleccionado los 100 poemas que más le han hecho sentir.

Espero que los disfrutéis y saboreéis, tanto, como ella los describe.

Os deseo: 100 momentos de placer y 100 noches eróticas cargadas de amor y sexo, ya que estoy segura, os removerá por dentro.

CONTENIDO

Mi dedicatoria a ella, en su último viaje:

Y cuando llegue el día
del último viaje
y esté al partir la nave
que nunca ha de tornar,
me encontraréis a bordo
ligero de equipaje,
casi desnudo,
como los hijos de la mar.

A. Machado

100 POEMAS DE PASIÓN

1. SOMOS SEXO

Me miro en el espejo.
Nuestras oscuras siluetas desnudas,
arden con hambruna.
Somos más que un reflejo.

Somos, el sonido ileso,
de cada orgasmo.
Somos, el pensamiento,
ardiente y descarado.

Mis pechos tersos,
al aire golpean erectos,
en cada embestida.
Ya no hay salida.

Porque somos la realidad sexual,
sin tabúes, ni miramientos.
Porque somos, sexo y más sexo.
Porque igual que nos besamos,
también nos mordemos.

Me encanta mirarnos,
al tiempo que nos corremos.
Me encanta llevarte,
al mismísimo infierno.
Me gusta entregarme,
si tú, estás de acuerdo.

Pinto un lienzo en mi mente.
Mientras nos follamos, salvajemente.
La estampa merece ser plasmada.
Nuestras figuras, brillan empapadas.

Desde mis ojos, describo:

Mis pechos, mi piel,
Y bajo hasta mi ombligo.
En mi monte de Venus,
bebes de mi miel.

La pintura, acaba en tu cara.
Mi pincel, allí descansa.
Donde se encuentra,
el placer que a la vez, me atormenta.

La consecuencia,
es volvernos mamíferos.
Sin ninguna elocuencia,
y salvajemente fieros.

Sentirnos,
como dos trapecistas sin red.
Y excitados morirnos,
mientras no dejamos de enloquecer.

2. NO TENGO MIEDO

Basta una pequeña chispa,
para encender la mecha.
¿Crees que tu sonrisa,
amansará a mi fiera?
La piel que al contacto suavizas,
arde en deseo.
Y mi sangre cauterizas,
cuando te veo.

Te acercas.
Pero no tengo miedo.
Te espero…
Me empodero.
Te siento.
No te pierdas.
¡O sí…!
¡Piérdete entre mis piernas…!

Y revientas.
Y vienes a mí,
como una hiena.
Dispuesto a devorarme,
como una pantera.
A mostrarme,
tu parte más carroñera.

Y me adviertes de la tormenta.
Y me río.
¡No tienes ni idea…!
Ya puede estallar una guerra,
que esta noche, serás mío.

Y me arrancas la ropa,

mientras con voz rota…
susurras mi nombre excitado.
Noto entrecortado tu aliento.
Y yo, de mi cuerpo…:
Amo, te proclamo,
de mi placer y sufrimiento.

Y no.
NO TENGO MIEDO.

3. ¿Y SI...?

¿Y si pisamos juntos
todos los charcos?
¿Y si nos amamos,
dando paso al corazón?
¿Y si dejas de tener miedo,
y me das un poco de calor?
¿Y si nos bebemos todo el vino,
y luego damos paso al ron?
¿Y si mezclamos deseo con locura,
y acabamos con desenfreno
esta aburrida cordura?
¿Y si enredas tus dedos en mi pelo,
dando paso a la traición,
del descaro de hacerme tuya?
¿Y si vemos juntos la puesta de sol?
¿Y si eres mi calma y yo
tu tormenta?
¿Y si me das tregua,
y me llamas "amor"?
¿Y si tocas para mí,
el piano, la guitarra
o el saxofón?
Y si yo soy tu musa...
¿Y tú mi inspiración?
¿Y si me robas el tiempo,
alejándote del lamento,
de morir por mí?
¿Y si me besas, como si fuese
un animal en peligro de extinción?
¿Y si me haces el amor...
tan salvaje como un depredador?

¿Y si después de hacerme tuya,
me cantas una canción?
¿Y si escribo para ti...
"Cien poemas de pasión"?
¿Y si me susurras versos,
desde el corazón?
¿Y si dejo que el viento
se lleve mi lamento
y empiezo a vivir por vos?
¿Y si maldigo mi suerte,
por no tenerte,
y tengo que chillarle al mundo,
que muero por tu amor?
Y si...
¿Y si me rescatas?
Por favor...

4. SEDIENTOS

La humedad se apodera de nosotros.
Nuestros cuerpos, parecen otros.
Alaridos rotos…
Jadeos hondos…
Y te siento…
Resbalando por mi pecho,
como una gota de rocío.
Mi pezón, se endurece ante el frío.
Tu cuerpo está al acecho,
y mi boca húmeda,
en tu búsqueda…
propaga pasión deliberada.
Libertina, descarada y profana,
me muestro ante la nada…
Desnuda…
Y mojada.
Y tus ojos, cristalinos,
me hablan sin miedo.
Y tus ardientes besos,
trastocan mis sentidos,
hasta hacerlos presos.
Tu piel erizada,
baja por la espalda,
sedienta, por ser amada.
Y en ese mismo instante,
Nos bebemos…
Hasta la última gota derramada.

5. PASIÓN

Trafico con el tacto de tu piel,
sueño con volverte a tener.
Descubrí un sexto sentido,
mientras me follabas el alma,
en cada latido.
Mientras me besabas,
como un loco empedernido.
Maldito el roce de nuestros cuerpos.
Maldito tu sexo erecto.
Maldita la humedad profanada,
entre mis curvas y tus palabras.
Y bendita tu boca,
que jugó a hacerme Diosa.
Que en todos tus lamidos,
en mis dulces labios,
Me hiciste sentir poderosa.

6. CUANDO ME TUMBO EN TU PECHO

Eres un error en la matriz del circuito,
más terrenal de mi cerebro.
Un cortocircuito,
que hace volver loco a mi cuerpo.
Un incendio que se expande,
allá donde se aviva el fuego.
Un recorrido en forma de laberinto,
donde para salir vivo,
atraviesas un largo camino.
Una especie de animal en extinción.
Si no te veo, una simulación de terror.
Un huracán, rápido y feroz.
Una mordida en medio de mi cuello.
El reflejo de tu cuerpo, en el espejo.
No sé si comprendes lo que siento.
Pero yo necesito resolver ese misterio,
Porque aun no entiendo qué me pasa...
Cuando me tumbo en tu pecho.

7. VESTIDA DE PERFUME

Vestida de perfume,
ensancha su alma.
Vigorosa entre las nubes,
se retuerce entre las sábanas.

¿Hay algo más sexy,
que una piel deseada?

Los rayos de sol penetran,
en los poros de su piel.
Y su desnudez calienta,
el sabor de su miel.

Su sexo ardiente,
pide clemencia a su amante,
que con el paso del tiempo,
se hizo su dominante.

Sensualidad latente,
sonrisa ocurrente.
Sexo exigente.
Y orgasmos pendientes.

Sea como fuere,
ella, mujer ardiente,
ha venido para quedarse en tu mente.

8. ¿ROMÁNTICO O ERÓTICO?

Romántica es la muerte.
Romántico es el amanecer.
Románticas son las velas consumiéndose.
Y también el atardecer.

Romántica es la luna,
y su anochecer.
Romántica es una poesía,
de las que te hacen volver a leer.
Romántica es la luz del sol,
alumbrando tus lunares.

En la cama,
no me pidas romanticismo.
Pídeme erotismo,
y mucho, mucho placer.
No me importa los lugares,
En los que me quieras ver.

Erotismo en la cama.
Erotismo entre las sábanas.
Erotismo entre mis bragas.
Erotismo en tu mirada.

Sexo divertido.
Sexo consentido.
Sexo adictivo.
Sexo prohibido.

Y mañana,
después de hacernos la guerra,
hazme el amor en la mesa.
Prepara una velada romántica,
a la luz de las velas.

9. SEXO

Tu respiración agitada.
El olor de tu piel.
Tu mirada encontrada.

El verso de tu voz.
El oír de una canción.
Tu boca entreabierta,
buscando calor.

Tu sexo erecto.
El mío mojado.
Tu camisa abierta.
Mi vestido doblado.

Tus manos fuertes tocando mi pecho.
Tu corazón latiendo rápidamente.
Los dos tumbados en el lecho,
buscándonos constantemente.

Tu lengua, buscando la mía.
La luz del sol alumbrando tu cuerpo.
Eres pura poesía.

Esta noche, dame sexo.
Mañana, dame amor.

Tú tan exigente, y yo,
tan envolvente.
Quiero enamorarte.
¡Déjame quererte!

Tu mirada de canalla.
Tu voz autoritaria.
Esa sonrisa ganará mi batalla.

Quiero tenerte por una noche.
Dame el fuego de tu cuerpo.
Sedúceme constantemente,
Quiero comerte entero.

10. Y ME DEJÉ LLEVAR...

Abrázame de nuevo.
Dale calma a este encuentro.
Sé mis ojos.
Dale visión a esta ceguera.
Siente como mi cuerpo se acelera,
y acaríciame de dentro hacia fuera.

Estoy nerviosa
y empiezo a temblar.
Necesito calmarme en la orilla del mar.

Dame un lápiz y un papel.
Necesito escribir,
eso me hará bien.

Mientras escucho las olas,
tu mano pasa por mi pelo,
empiezo a relajarme,
y a entender todo, de nuevo.

Aparto el lienzo a un lado.
No pienso en escribir demasiado.
Han conseguido despistarme,
tus ojos, al mirarme.

Eres mi calma
y mi templanza.
Mi mejor alianza.

Me besas despacito,
mordiendo mi labio inferior.
Creo que las nubes,
están cogiendo otro color.

Nos fundimos al unísono,
y me derrito con la pasión,
que acelera el vaivén de nuestro cuerpo,
y me dejo llevar por tu invasión.

11. ¿ME DEJARÁS QUERERTE?

Dime, ¿cómo te gusta que te quieran?
¿Cómo te gusta que te acaricien?
¿Cómo quieres, que te toquen?
Intentaré complacerte.
Seré exigente.
Quiero acompañarte.
¿Me dejarás quererte?

¿Cómo quieres que te despierte por las mañanas?
Dime, ¿cómo hago para meterme en tu cama?
Contigo quiero ver el sol, entrando por tus ventanas.

Quiero darte la mano,
al pasear por las calles.
Quiero que me vean a tu lado.
Por favor, no me engañes.
No quiero ser un pringado.

Intentaré complacerte.
Seré exigente.
Quiero acompañarte.
¿Me dejarás quererte?

Apartar el pelo de tu cara.
De eso sí, ¡me muero de ganas!
Ver cómo te maquillas.
¡Y hasta de hacerte cosquillas!

Mirar ese culo,
moviéndose al caminar.
Bendecir tu cuerpo desnudo,
es que lo pienso y me pongo duro.

Por no hablar de que me muero por tus besos.

Pienso en ti y me explotan los sesos.

Intentaré complacerte.
Seré exigente.
Quiero acompañarte.
¿Me dejarás quererte?

12. QUÉ BONITO

Desvelarme de madrugada,
coger una libreta usada
y ponerme a escribir pensando en ti.

Despertarme a tu lado,
y no tener prisa.
Buscarte entre las sábanas,
y morir de la risa.

Adoro tu cara de sueño,
y las pecas de tu piel.
Saboreo todo tu cuerpo,
más dulce que la miel.

Admiro las arrugas de tu frente
y tu experiencia sexual.
¡Qué bonito es amarte!
Es un acto servicial.

13. AQUELLA NOCHE DE INVIERNO

Recuerdo aquella noche,
como si de respirar se tratase.
Te recuerdo consciente,
de hacer que mi cuerpo,
se desarmase.

Me recuerdo estremeciéndome,
mientras besabas mis pechos.
Tus dedos introduciéndose,
en mi más profundo estrecho.
Aún ardo al revivir,
aquella noche de cuento.
Donde ni yo era una princesa,
ni tú, un magnífico caballero.

Mientras las ganas nos podían,
nos comíamos con prisa.
Cuando tu piel me rozaba,
la mía, se erizaba.

Mientras con una sonrisa,
tus ojos se deleitaban,
como si yo fuese una poetisa.

Había más ganas de lamer (nos),
que de conocer (nos).
Retengo en mi memoria,
como aliviabas mi infierno.
Embistiendo en cada golpe,
mientras invadías mi terreno.

Pero eso ahora ya no importa.
Siempre nos quedará el recuerdo,
de aquella noche de invierno.

14. ¿PODRÍAS?

Podrías...
Venir a mi encuentro,
acercarte a mí
y desnudarme lento.
Muy lento.
Podrías...
abalanzarte a mí
y robarme un beso.
Un tierno beso.
Podrías...
Acariciar mi alma,
ser mi maldita calma,
sorprenderme por la espalda
y susurrarme "te anhelo".
Un "te anhelo" verdadero.
Podrías...
Enloquecer en mi cama,
trasnochar con mi piel,
dormir en mi almohada,
y probar mi miel.
La más dulce miel.
Podrías...
Contemplarme con el pelo enredado,
enmarañado y mojado,
mientras desnuda te abrazo,
sólo llevando puesta,
tu camisa de cuadros.
Podrías...
Tocarme una melodía,
una armónica sinfonía,
mientras me embeleso

con tu guitarra, cada día,
como si fuera un beso.
!Adoraría eso!
Podrías...
Sacar mi lado más salvaje,
hacer de la dulce mariposa,
de esa tan cariñosa...
la más temida de las panteras.
Ya sabes...
¡De esas que vuelan!
Podrías...
Atar mis muñecas a tu cama,
embriagarte con mi vestido de perfume,
adorarme mientras el sexo nos consume,
y morir, mientras ardemos en llamas.
Podrías...
Ser parte de mi risa.
Los ojos de mi ceguera.
Y dejarte ir con la brisa,
de mi yo, más verdadera.

15. BAJO TU CUELLO

Ya estábamos inmersos.
Una simple mirada,
bastó para encender nuestros cuerpos.
Te besé desesperada,
mientras cogía tu cuello.
Nos rozamos, sintiéndonos eternos.
Nos tocamos con pasión,
mientras el momento era nuestro.
En lugar de acariciarme,
desesperado, apretaste mi pecho.
Nuestras lenguas sedientas,
entrecortaban nuestro aliento.
Tus manos, se hundían en mi sexo.
Y para no chillar, me escondí bajo tu cuello.
Te agarré fuerte, te quise indefenso.
Y aún si lo pienso…
Sin quererlo, me estremezco.

16. LOCA

Sensible por dentro,
fuera, salvaje linaje.
Dulce tormento,
con delicado embalaje.

Carácter marcado,
protagonista de sueños.
Cuerpo deseado,
eriza con sus besos.

Traficante de versos,
mente soñadora,
sueños perversos,
y en el juego, ganadora.

Frágil y cabezota,
amante del arte,
corazón que trota,
al son de amar(rar)te.

Mujer bohemia,
escondida entre letras,
creativa inocencia,
tu alma penetra.
Quizás no sea bastante,
conocerla en un instante.
¡Quizá esté un poco loca!
Pero ya no hay, quién la pare...

17. DEL VERBO EXISTIR: TÚ

Existen palabras bonitas,
y luego, tu bonita sonrisa.
Existe el placer de sentir la brisa,
y luego, las carcajadas de tu risa.

Existe la luna llena,
y luego, tu piel morena.
Existen las gamas de colores,
y luego tus ojos marrones.

Existe el sabor de la miel,
y luego el tacto de tu piel.
Existe el calor de un brasero,
y luego tu cuerpo entero.

18. HABLO

¡No, no, no!
¡No hablo de eso!

Hablo de cómo perder el aire,
hablo de cómo entre cuerdas,
puedo volar sin riendas,
y que parezca un baile.

Hablo de estar a tu merced.
Hablo de sentir tu piel.
Hablo de cuerpos que sienten.
Hablo de gemidos que no mienten.

Hablo de degustar un buen vino.
Hablo, de orgasmos divinos.
Hablo de que me adores.
De que no me traigas flores.
De que seas mi dominante.
Hablo de los mejores amantes.

¡Sí, sí, sí!
Hablo de TI y de MÍ.

19. "ISENCIA"

Isencia,
es pestañeo de ocurrencia.
Es narcótico de vivencias.
Es geonestesia.

Isencia,
es placer y ciencia.
Es mente traviesa.
Es morir sin anestesia.

Isencia,
Es sensibilidad y creencia.
Es mente abierta.
Es recorrer tu cuerpo,
sin apenas darme cuenta.

Isencia,
es soplo de aire nuevo.
Es embriagarme de tu perfume.
Es estar en una nube.

Isencia,
es la mezcla de mi nombre...
con TU esencia.

20. FUI

Antes de conocerte...
fui agua.
Fui parte de la naturaleza,
fui corazón de la nobleza,
y fui lago en calma.

Antes de conocerte...
fui tormenta.
Fui corriente traicionera,
fui loba que ahuyenta,
fui una salvaje fiera,
y fui tu trampa.

Antes de conocerte...
fui montaña nevada,
fui paisaje hermoso,
fui grata morada,
fui cuerpo avaricioso,
y fui tu karma.

Antes de conocerte...
fui sirena de un mar bravo,
fui locura de tu subconsciente,
fui parte de tu depravo,
fui un pensamiento en tu mente,
y fui parte de tu alma.

Antes de conocerte...
fui la musa de alguien,
fui el poema de algún loco,
fui la protagonista de un baile,

fui un orgasmo con sofoco.
Y fui una mujer amada.

Antes de conocerte...
fui brasa en tu fuego,
fui descontrolado incendio,
fui bondad en tu ego,
fui sensualidad en el juego.
Y fui (sin varita) una maga.

Antes de conocerte...
fui "Isencia",
fui nobleza,
fui tu incoherencia,
fui parte de tu esencia...

Y ahora que sabes quién fui...

Dime, por favor...¿Tú quién eras?

21. GEONESTESIA

Desnuda entre la maleza,
su corazón salvaje y desbocado,
signo de linaje y pureza,
ama el más preciado contacto,
con la naturaleza.

A veces, camina descalza.
Otras, recoge su pelo,
sintiendo en su cara, el viento,
como pura alabanza.

Se agacha y toca la tierra,
y como un reloj de arena,
la deja resbalar entre sus dedos,
mientras se sumerge,
en sus más profundos pensamientos.

Suele cerrar los ojos,
para inspirar el aire de la montaña.
Aire, que se adentra en sus poros,
mientras se divisa y contempla,
el color de la madrugada.

Ama el olor a mezcla,
de hierba y tierra mojada.
Y en ese mismo instante...
Vuela, como pájaro, en bandada.

Ama bañarse desnuda,
en ríos, mares o cascadas,
nada, con su piel erizada,

cuál salvaje criatura.

Ama su geonestesia.
Se libera con su pluma,
y como si su alma fluyera,
deja que su poesía le consuma.

22. MI SUEÑO

Me levanto excitada,
pensando en su figura.
Sólo son las 6:30 h y mi mente
ya ha estado con él esta noche.
Ya acaricié su cuerpo desnudo
y le hice gemir de placer.
Ya más de mil veces, le besé.

-Buenos días, mi amor.
-le digo en mi sueño.
Mientras me sonríe,
le bajo la luna,
antes de que se esconda.

Me abalanzo a su cuerpo
y tomamos forma.
Su piel suave y hermosa,
hace que me sienta dichosa.
Me mira y sonríe,
y yo me muero
entre las comisuras de sus labios.

Quiero perderme en los caminos,
de su cuerpo desnudo.
Le guiño un ojo y resbalo
hacia abajo, poco a poco.

Absorta y extasiada,
debajo de su ombligo,
finalizo su recorrido.

Doy gracias al cielo,
por estar ahí en ese momento.

Y entonces mi cabeza apabullada,
no puede pensar, ni reaccionar,
ante tanta belleza efímera,
escondida en los rincones
de su sexo desnudo.

Lamo todo lo que puedo,
dejando que se retuerza
entre las sábanas de la cama.
No pienso darle tregua.

Y mientras mis labios mojados,
juegan a ser suyos para siempre,
él inunda mi boca,
con su líquido caliente.

23. ACARÍCIAME

Su piel desnuda,
aturde en mi cabeza.
Sigilosa, entro en su habitación.
Me acerco a su cama.
Acaricio su pelo,
y bajo suavemente a su cara.

¡Qué guapo es!
(Cuando duerme, también).
Paso mi dedo índice por sus labios.
Labios lujuriosos,
estallidos de placer.

Qué suavidad...

Sigo bajando curiosa,
mi mano dichosa.
Toco su torso fuerte,
mientras mi deseo por él,
aumenta en mi mente.

Paro en su abdomen.
Recorro con dos dedos,
los músculos de alrededor de su ombligo.

¡Madre mía! -pienso hechizada por su magia.
Sigue dormido.
Pienso, en seguir mi recorrido.
Bajo a su sexo,
lo encuentro erecto.
Me tomo la libertad,

de tocarlo.
Tanta dureza sólo puede significar una cosa...

Miro sus ojos.
Me sorprende despierto.
Su sonrisa pícara
se muestra a cara descubierta.

¡Qué vergüenza!
-me ha pillado, pienso soltando su erección.
-No pares. -Me dice adormilado.
Acaríciame entero, preciosa.
Yo le sonrío y obedezco
gustosamente a su orden.

Así fue cómo con mis manos,
toqué toda su piel.
Desnuda y deseosa,
erizada y hermosa.

-¿Puedo volver a empezar?
-le digo con sonrisa maliciosa.

Él sonríe y me susurra:
-Pero esta vez, con tu boca.
¡Eso me dijo!
¡A mí, que me excitan sus imperativos...!

24. SUMISIÓN INTELIGENTE

Cuando la noche
se convierte en fuego.
Y el sexo en adicción,
es cuando ya no hay frenos,
y dejamos de hacer el amor.

El amor es desenfreno,
el cariño dominación.
La sumisión es la calma,
bendito juego de dos.

Cuando me agarras
por la espalda,
y no sé qué va a pasar,
espero tu orden
para poderte vacilar.

Me gusta desafiarte,
para que me puedas castigar.
Tomo el rol de sumisa,
pero en el fondo...
¿Quién manda más?
Provoco la situación,
para que tengas la obligación,
de darme un ejemplar castigo,
de esa forma consigo,
lo que quiero que hagas conmigo.

Te dejo que creas,
que tú tienes el mando.
Juego divertido,

en el que salgo ganando.

25. ¿PIERDES, O TE QUEMAS?

Sin saber como...
tus manos ya acarician mis pechos.
Tu boca, ya está al acecho,
alimentándose de mis besos...
y tu cuerpo arde en deseo.

Tus manos, temblorosas,
buscan el nudo,
de mi kimono de satén rosa,
(no me lo puse por casualidad...)
así que me dejo llevar...
y como una Diosa,
reinvento mi sexualidad.

Tú ya no tienes nada que hacer.
Tu mirada fija
encuentra a la mía,
y en un acto de rebeldía...
juego, a querer escapar.

Y tú,
que has dejado de lado el romanticismo,
(si es que algún día lo tuvimos)
me aprietas contra tu cuerpo,
cada vez más...

Y se me escapa una sonrisa,
porque haces exactamente lo que quería...
(y tú, lo sabías...no nos vamos a engañar)

Y empezamos un baile desnudos,

donde al unísono, sonamos sin rumbo.
Resuenan gemidos como tambores,
y la orquesta canta sin dilaciones.

Y que arda el mundo ahí fuera.
Ya hemos hecho una hoguera.
Porque en nuestra cama,
quien no se quema, no gana.

26. SOMOS NADA

Somos dos gotas de agua turbia.
Que flotan.
Que explotan.
Somos sonido de lluvia.
Abundante.
Repiqueteante.
Somos poesía enamorada.
Rimada.
Encantada.
Somos deseo desnudo.
Ardiente.
Atrayente.
Somos pasión deliberada.
Con gemidos.
Con latidos.
Somos perdón y olvido.
Arrepentidos.
Doloridos.
Somos soledad.
Con vino especial.
Del verbo amar.
Somos corrientes.
Consecuentes.
Hirientes.
Somos todo.
De algún modo.
Para algún loco.

Nuestra piel habla...
Y aun así:
somos NADA.

27. ESTA JODIDA NOCHE

Esta jodida noche,
cuando mis manos se acerquen a ti,
y te busque en nuestra cama,
recuerda esto, que te voy a decir:

Quiero cambiar los "te quiero",
por "pienso lamerte el cuerpo entero".
Quiero cambiar las caricias,
por sexo con avaricia.
Quiero cambiar tu sonrisa,
por miradas de malicia.
Quiero convertir al caballero,
en un hombre, sexualmente grosero.
Quiero cambiar tu sueño,
por noches de desvelo.

Yo, querré ser tuya,
sin duda alguna.
Querré satisfacer tus deseos,
y aliviarte en todos ellos.
Dejaré de ser princesa,
y me convertiré en guerrera.
Mis besos serán tu locura,
y mi cuerpo, tu cielo.
Haré que vayamos al infierno,
después de arder con el deseo.

Esta jodida noche,
cuando vaya a buscarte,
no esperes gestos de cariño,

haré que me entiendas,
con sólo un guiño.

Te aseguro,
que pienso hacerte mío,
y que te parecerán cuentos de niños,
las noches, que antes has vivido.

Conseguiré que me pidas clemencia,
tendrás que tener paciencia,
porque te la daré,
pero cuando yo quiera.

Te haré ahogarte en gemidos,
y descubrir nuevos mundos,
te haré recitar el kamasutra,
y haremos, cada una de sus posturas.

Será una noche mágica,
sin varita, ni chistera.
Pero a partir de hoy,
no pienso darte más tregua.

28. AQUÍ SEGUIMOS

Y tú, que ya conoces todos mis lunares.
Y dices que ardes,
por mis amarres.
Me invitas a despegar contigo,
a todos esos lugares,
tan bellos,
como prohibidos.

Como por ejemplo:
El susurro,
de tus gemidos contenidos.
Y tus sueños,
hechos míos.

Tu mente soñadora
que vuela hacia la mía,
y nuestras risas de locos,
pensando en compartir,
cosas bellas de la vida.

Ser y dejarnos ser,
libres como amantes,
recorriéndonos sin descanso,
en una cama que arde.

Mi boca buscando la tuya,
tus manos buscando mi sexo,
y mis gemidos llegando,
al orgasmo contenido.

Embestidas que no cesan,

alaridos y estallidos,
que no callan.

Cristales haciendo reflejos,
de nuestros cuerpos.
Porque las horas pasan,
y aquí seguimos,
desnudos y excitados
en la cama.
Haciendo de los dos: UNO.

29. PÍNTAME

Ven. Píntame la piel.
Haz de colores mis lunares.
Abrázame y siénteme.
Atravesemos tempestades.
Bésame dulce...
Y hazme el amor como un salvaje.
Prométeme realidades.
Déjame que te acune,
y sostenga tus verdades.
Píntame también el alma,
de colores reales.
Dame calma.
Y las cosquillas, no las descartes.
Déjame decirte...
que dejes de engañarte.
Sabes que de mí,
podrías enamorarte.

30. MI PLACEBO

Si tú sólo fueras mi placebo...
Jamás te diría que te quiero.
Jamás sentiría que te anhelo.
Y no desearía tanto tocar tu cuerpo.

Si tú sólo fueras mi placebo...
Me bastaría con dar media vuelta,
después del último beso.
Pero entre tú y yo no hay eso
y los dos lo sabemos.

Si tú sólo fueras mi placebo...
No te mostraría desnudo mi cuerpo,
ni te regalaría mis orgasmos al descubierto.

Si tú sólo fueras mi placebo...
No me encantaría tumbarme en tu pecho,
ni disfrutaría de tu acecho.

Si tú sólo fueras mi placebo...
No moriría por sentir tus manos, acariciando mi pelo.

Si tú sólo fueras mi placebo...
No querría estar entre tus brazos,
después de follarte el cuerpo.
No, no haría eso.

Si tú sólo fueras mi placebo,
jamás me saldrían estos versos,
para dar forma a lo nuestro.

Pero si tú sólo quieres ser mi placebo...
Entonces, me conformo con lo que me hace sentir eso.

31. VACÍO

Es el vacío que dejas en mi cama.
El vacío del olor en tu almohada.
El vacío... vacío de mis sueños.
El vacío de tu perfume...
con sabor a caramelo.

Eres el vacío del café sin leche.
El vacío de pensar...
que algún día mueres.
El vacío, que atormenta mi mente.
El vacío, que no es elocuente.

Eres el vacío de un abrazo frío.
El vacío de un ser incoherente.
El vacío, del mar sin corriente.
El vacío, de un corazón ardiente.

Eres el vacío que te llena de repente.
el vacío, que en mi vida ansío.
El vacío que deja, el descarrilado río.
Eres el vacío de un abrazo sin brazos.
El vacío que no ayuda a unir lazos.

El vacío de un amor, que no te admira.
Vacío.
¡Vacío!
¡Como un cielo sin tormenta!
¡Como un huracán que no ahuyenta!
Vacío...
Como cuando dices,
que ya no me quieres...

Pero yo... te siento muy MÍO.

32. BENDITA MUJER (VERSIÓN CANCIÓN)

Sabes, que erizas la piel.
Sabes, que es tu sabor a miel.
Sabes, que son tus ojos marrones,
los que atraen sensaciones.

Sabes, que eres una fiera en la cama.
Sabes, que no necesitas a nadie.
Sabes que eres una ama,
que lo tuyo es pura barbarie.

Bendita mujer,
tienes todo el poder.
Esto me empieza a doler.
Eres capaz de hacerme arder.

Sabes que tu sexo sabe a cielo.
Que si lo pruebo,
lo anhelo.
Que suele estar muy mojado,
que harías infiel, al más casado.

No sé si será eso,
o qué será lo que me pasa.
Es tu cuerpo que arrasa
y me abrasa.
Pienso en tus curvas,
y me dan calenturas.

Bendita mujer,
tienes todo el poder.
Esto me empieza a doler,

eres capaz de hacerme arder.

Tengo una necesidad fisiológica,
que sólo tiene una lógica.
Necesito arrancarte la ropa,
y morir de placer con tu boca.

Tengo que ser elocuente,
es lo que pasa por mi mente.
Pero es que no hay manera,
es pura necesidad.
Anulas de mi cuerpo,
cualquier capacidad.

33. ESTO VA DE ALMAS
(VERSIÓN CANCIÓN)

Una noche me desperté en sueños,
quise pensar que no estabas lejos.
Mi piel estaba erizada
y me puse a pensar en una emboscada.
Quise encerrarte, para robar tu alma.

Almas conectadas.
Furiosas.
Amargas.
Almas encontradas.
Rebeldes.
Dañadas.
Almas que se unen.
Almas que no mueren.
Almas que aman.
Almas puras.
Almas condenadas.

Muéstrame la tuya.
¿Por qué quieres que huya?
Esto va de almas.
De mi alma,
y la tuya.

Déjame conectar contigo.
Sólo sé que fue divertido.
Pero ahora creo no es suficiente.
Quiero, profundizar en tu mente.

Eres un cobarde,

déjame quererte.
No te opongas,
sé que estás ausente.

Que agonía.
Estoy segura,
de que al final,
tu alma y la mía,
se encontrarán.

Almas conectadas.
Furiosas.
Amargas.
Almas encontradas.
Rebeldes.
Dañadas.
Almas que se unen.
Almas que no mueren.
Almas que aman.
Almas puras.
Almas condenadas.

34. CONTANDO LUNAS

Contaré las lunas,
que faltan por volver a verte.
Separaré las menguantes,
de las crecientes,
hasta despejar las "X",
de las lunas llenas,
que quedan para abrazarte.

Dibujaré las nubes esponjosas,
y adivinaré cada día,
el color del cielo.
Perseguiré mariposas,
mientras recuerdo tu fuego.

Fuego que arde,
en lo más profundo
de mi vientre.
Fuego que sale de mi cuerpo,
de la forma más ardiente.

Escribiré describiendo,
las líneas de tu cuerpo.
Cerraré los ojos,
y sentiré con las yemas
de mis dedos,
tu piel deseosa,
como el ciego que lee braille,
de la forma más hermosa.

Agudizaré mis sentidos,
para escuchar tu música,

y no perderme ni una nota,
que acelere mis sentidos.

Aquí estaré,
contando lunas,
para volver a verte.

35. MÍA

Es mía.
Sólo yo la acaricio de tal forma.
Mía.
Sólo yo conozco perfectamente
las curvas de su cuerpo,
mientras la recorro
con mis manos, suavemente.
¡Es tan mía...!
Cuando la pego a mi barriga
siento como ella,
vibra por dentro.
Mía...
Solamente mía.
¡Es tan alegre!
Capaz de hacerme sonreír,
en los momentos más endebles.
Capaz de hacerme llorar,
escuchando sus sonidos,
más amargos.
¡Es mía!
Mi placer.
Mi locura.
La perfección de mis días.
Un regalo para mis oídos.
Cuando la escucho,
es algo divino.
Cuando la toco,
me vuelvo loca.
¡Sólo yo la toco!
Es mía.
La pasión de mis noches,

mi acompañante de fiestas
y mi música de verbenas.
Mía...
Seis direcciones
que acarician mis dedos,
para de nuevo,
hacerme sentir en el cielo,
estando en el centro,
de su boca.
Y es que cuando la cojo,
me vuelvo poeta.
Trafico con letras,
y a veces con ella...
¡Hasta bailo en la pista,
sintiéndome artista!
Mía...
Tan mía,
como las noches
de invierno frías.
Pero yo la agarro fuerte
y mi deseo inerte,
por estar con ella, vuelve.
Es mi inspiración,
mi musa,
la que me hace volar
y me da la satisfacción,
de volverme a encontrar.
Mía...
Atrae miradas,
atrapa sueños,
y consigue mis noches de desvelo.
Ella es mía...
Pero no os la he presentado.
Es mi guitarra,
la que de verdad, me amarra.

36. JUEGO DE PALABRAS

Y tras pasar,
traspasando,
las fronteras que anidan
dentro de tu corazón,
detengo el mío,
por un instante,
para que te quiera.

Y tras correr
y transcurrir,
tiempo a tu lado,
decido quedarme sintiendo.
Sentada.
Mientras me mimas.

Y tras volver
y envolver,
tus prisas por mis gemidos,
añoro cada uno de tus logros,
haciéndome soñar de nuevo,
entre orgasmos de locos.

Y tras amar,
y desarmar,
tus armas,
para que me quieras.
Ahora sí quiero dormir,
a la altura,
de tu cintura.
Besándonos.
Acariciándonos.

¿Y por qué no?
Queriéndonos...

37. PASIÓN, LOCURA Y DESENFRENO.

Háblame de cordura,
por favor...
Porque si me dejas...
Si me dejas, mi locura,
en la más oscura perdición,
nos traerá a la diablura.
Háblame de la moderación,
por favor...
porque sabes, que si no,
el desenfreno,
jugará en nuestro amor,
y no habrá posible contención,
en el roce de nuestros cuerpos.
Háblame del comedimiento,
porque si no mi cuerpo,
lleno de pasión,
dejará al tuyo,
vendido y rendido a la perdición,
de ser mío de nuevo.

38. ELLA

Ella es tan pasional,
que no entiende de frías camas.
Se escabulle si la amas,
pero le encanta enamorar.

Ella, es tan ardiente,
que cuando se deja llevar por su mente,
no es consciente,
de a dónde, te hará llegar.

Ella, cuerpo desnudo,
huracán dormido,
que cuando estalla,
retumban salvajes sus gemidos.

Ella, de la las que vive
con los cinco sentidos.
Mujer intensa.
Visceral, hasta la médula.

Ella, caderas con curvas,
mueve que te mueve,
marcando su cintura.
Carita traviesa,
voz sensual,
y mente poeta.

Ella, sonrisa pícara,
conversaciones profundas,
escribe sobre el amor.
¡Pero no te confundas!

Porque al final, su cuerpo,
siempre produce quemazón.

39. DUELES

Dueles, como punzadas en el corazón.
Dueles, como rendirse a pedir perdón.
Dueles, como púlpito sin orador.
Dueles, como jardín sin flor.

Dueles joder, ¡y no sabes cuánto!
Dueles, como lumbre sin fuego.
Dueles, como barbacoa sin carbón.
Dueles, como un amor,
que en realidad nunca pasó.

Dueles, como para escribir un poema.
Dueles, como títere sin cabeza.
Dueles, como para descifrar un teorema.
Dueles, como estrofa sin canción.
Dueles, como quién lo da todo
y no recibe nada.
Dueles, como Merlín sin su espada.
Dueles, como sirena sin canto,
como amargo llanto,
de decir: ADIÓS.

40. UNA MAÑANA CUALQUIERA

Agazapada como una gata,
me cuelo entre las sábanas.
-"Buenos días, bonito".
Susurro con mi boca,
a la altura de tu ombligo...
Creo que no me has oído,
y sigilosa,
me propongo provocarte.
-"Hoy seré tu Diosa,
así que no trates de escaparte".
Y añado muy altiva:
-"Tendrás que adorarme".
Y tú, que mueres por mis besos,
me contestas:
-"Seré el mejor amante".
Y sonriendo respondo:
-"De ésta, no saldrás ileso".
Y muy excitados,
ya estamos fundidos,
deleitándonos,
rozándonos,
y gimiendo.

Y me susurras, apenas sin aliento:
-"No vuelvas a hacerme eso".
Y yo, recogiendo mi pelo, contesto:
-¿Ah, no? ¿Prefieres seguir durmiendo?
Y sin mediar una palabra,
y sólo viendo en tu cara, el gesto...
me atrapas por la espalda,
y te siento tan adentro,

que perdemos la mañana,
y la empezamos corriendo(nos).

41. NO ME IMPORTA

Sublimes sensaciones,
que proliferan en mi interior.
Sentimientos arraigados,
maldita sensación.

Secretos ocultos bajo las letras.
Imágenes recreadas,
que en mi cabeza vuelan.

Partículas de fluidos,
restos en mi boca.
Por ello no me importa,
cuando a veces, me llamas loca...

42. MALDITA NOCHE

Mi pluma se ha quedado sin tinta.
La noche no tiene luna.
Y en esta oscuridad,
mi mente deambula,
imaginando...
como tu piel se despinta,
al contacto con la suya.

Me encela imaginar
tu imagen desnuda,
encima de otro cuerpo.
Me da rabia, no ser yo, tu fuego.

Dime, ¿qué sabrá ella de las veces que piel con piel,
nos quisimos?
De los besos que nos robamos,
¿o de las veces que nos reímos...?
¿Qué sabrá, de las veces que nos correspondimos...
entre miradas cómplices y acertijos?

Pero esta noche...
tus ojos cristalinos,
ya no son míos.
Esta maldita noche,
no jugamos a conjugar verbos.
Y no sé, si podré soportar...
este puto anhelo.

Tu boca besa a otra boca.
Tu lengua juega a lamer otros pechos.
Y me corroe saber que no eres mío,

y que en nuestro lecho,
otros labios te coman.

Maldita noche,
sin tinta en la pluma,
sin luz de la luna...
Y sin tus malditos besos.

43. NADA ES CIENCIA CIERTA

Adoro cuando me buscas para darme un beso.
(No es que sólo te adore cuando haces eso...)
Pero cuando te acercas sonriente
y con los ojos cristalinos...
Ahí es cuando se desata la pasión en forma de felino.

Cuando por las ansias me empujas
hasta lo primero que encuentras...
Y allí sin muchas dilaciones te alimentas,
como lo haría un cazador con su presa.

Te sirve mi piel como abrigo,
utilizas mi boca de silo,
y condenas a mis ojos a mirarte mientras lo haces,
como si el tiempo se detuviera en cualquier parte.

Y da igual que anochezca o amanezca,
hemos perdido la cuenta,
de las veces que nos hemos amado,
sin saberlo o sabiéndolo,
hiciera sol o hubiera tormenta.
Y ahora que ya estamos enganchados,
maldita la hora en la que naufragamos...
ahora ya nada, es ciencia cierta.

44. BESOS CLANDESTINOS

Cómo describir tus besos,
fuente de deseo...
y agua cristalina.
Cómo cerrar los ojos...
y no pensar en ellos,
manantial de mi tormento
y pasión de agua marina.

Cómo aliviar mi sed de anhelo,
de tus labios entrometidos,
aterciopelados y divinos.
Cómo olvidar...
tus pequeños mordiscos calientes,
sin aliento,
naufragando a contracorriente...
con tu cuerpo pegado al mío.

Cómo tratar de borrar algo...
que aparece todas las noches,
en mis sueños,
y me despierta sofocada,
con la piel erizada
y sudorosa entre llamas del infierno.
Besos.
Besos clandestinos,
tormenta eléctrica de deseo,
que se abre paso en mi recuerdo.

Salvajes besos prohibidos.
Dulces besos vainilla,
donde no existe la inquina,

pura maravilla.

Malditos tus besos.
Aunque por ellos moriría.

45. HÁBLAME

Háblame de nuestra piel.
Por favor.
Como si aún la sintieras.
Háblame de nuestros besos.
Como si al revivirlo, murieras.
Háblame del sabor a miel,
que se fundió con nuestras lenguas.
Háblame de cuánto...
te gustaría que estuviera.
Háblame de tu corazón,
si a mi lado latiera...
y de lo feliz que serías,
si mi cuerpo sintieras.

46. LUGARES

Hay lugares en los que esconde la razón.
Como en la terraza de un quinto piso,
o en la duna del desierto del amor.

Lugares donde se encuentra todo,
sin haber nada.
Lugares que hablan callados,
y otros que sin duda, por no hablar,
atontados callan.

Lugares como tu boca,
que envenenan con deseo y dulzura
y te engañan como boba,
hasta que te atrapan.

Lugares en los que crepitante,
revive el fuego de una hoguera,
y otros en los que la luna,
poesía alberga.

Lugares que recogen al viento...
palabras como "muerte" o "vida".
Lugares que sin estar muerto, mueres.
Y otros, que si estuvieses muerto,
de nuevo, revives.

También hay lugares como tus ojos.
Malditos ojos color avellana,
que no existen en ninguna gama de color.
Lugares en los que la herida se cura,
sin apenas notar escozor.

Lugares como tu lengua.
Lenguaje del deseo correspondido y ardiente.
Lugares donde el pensamiento crece.
Lugares que te atrapan desde el alba,
al anochecer.
Suma de "noche, deseo y estremecer".

Lugares como tus orgasmos.
Que sí, son para mí un lugar,
donde aprendí a encontrarme,
antes de hacerte llegar.

Lugares como la tierra húmeda,
que huele a mezcla de sol y jardín con camelias.
Lugares que siembran, además de plantas,
mala hierba.
Esa que nunca muere.
Lugares con arcoíris y un poco de lluvia fresca.

Lugares como tu cuerpo,
que eso ya es otro cantar,
ya que es el lugar,
donde me he decidido quedar.
Lugares como tú...
sin nada más que explicar.

47.DEL VERBO...

Sentirte.
Como el aire al que llamamos viento.
Como una operación a corazón abierto.
Como la piel que atrae sentimiento.
Como la estrella que vive en el firmamento.

Amarte.
Como el ratón al gato.
Como el domador al león.
Como el púlpito al orador.
Como la pata al pato.

Rozarte.
Como las pieles que se erizan.
Como el aliento que trae tu risa.
Como la sangre que al no verte,
se cauteriza.
Como la arena en pies de la poetisa.

Desearte.
Como aquel loco que escribe poemas.
Como un ángel en el cielo,
buscando una estrella.
Como el hambre a un pastel de crema.
Y como un pájaro al mismísimo vuelo.

Así, del verbo follarte el alma,
antes de que te fijes en mi cuerpo.

48. MI UNIVERSO

¡Y me hablas de universos!
¡No entiendes nada!
Tu cuerpo es mi verso,
Y tu voz, poesía encantada.

Y mientras tú me explicas,
la teoría del espacio...
Yo miro con descaro,
y cada vez con más agravio,
los músculos de tus brazos...
Lo sensuales que son tus labios...
Y sólo pienso en hacerlos míos.

Decido con un tierno beso...
callarte.
Y con mi cuerpo lleno de deseo...
atraparte.

Al segundo tu sexo reacciona,
como si yo tuviera poderes.
Y susurrando bajito, te digo:
¿Qué pasa cuando los astros colisionan?

Tú sonríes, preso en el camino.
Y de nuevo, te digo:
"No pararé hasta que te descueres".
A lo que tú, contestas sonriendo:
"Me vuelve loco cómo eres..."

¡Y ya no me importa nada!
¡Ni el universo, ni los astros...!

Sólo notar tu cuerpo y el mío...
bien pegados.

Y con el fuego sofocante,
te conviertes en mi delirio.
Y sólo quiero recorrerte,
muy despacio, con mis manos.
Mi mente es tu martirio,
y mi piel, tu único destino.

Y te hago enloquecer,
esta vez, tengo yo el poder.
Y sin darte más opciones,
y sin más dilaciones,
al fin... te hago MÍO.

MUY MÍO.

49. ACARICIEMOS LA LUNA

Dame la suavidad de tus besos,
la profundidad de tu alma.
Te regalo la intensidad,
de mis versos,
y mis momentos de calma.
Dame un trozo de tu infierno,
o mejor, compártelo conmigo.
Rompamos nuestras armaduras,
tirémoslas al vacío,
rodando colina abajo,
o flotando por el río.

Formemos una hoguera,
con todo lo que nos hace daño.
Quememos toda la incertidumbre,
en la ceniza viva de la lumbre.

Soplemos para avivar el fuego,
y que no pare ni un momento.
Trepemos bien alto,
arañando montañas,
con las mismísimas uñas.
Trepemos... callando bocas,
y maldiciendo dunas.
Y volemos, cerca del cielo,
acariciando la luna.

50. ERES...

Eres la parada de tren obligada,
el café de después de comer,
el vino en mesa reservada,
y la lujuria del poder.

Eres el cigarro de un fumeta,
los zapatos nuevos de un pobre,
un niño saltando en una colchoneta,
y lo más valioso del cobre.

Eres la mantequilla de un bizcocho,
el vestido de gala,
de una mujer amada,
el sueño del trasnocho,
y el orgasmo, del fin de una velada.

Eres inspiración para una musa,
y palabras en la libreta de una poeta,
eres locura transitoria,
y el viento para una veleta.

Eres... todo,
menos MÍO.

51. QUIERO UN MAGO...

Quiero un mago,
que pare el tiempo.
Que lo pare justo en el momento,
en el que tus labios,
se encuentren...
Justo cuando se rocen
nuestras lenguas,
cuando escriba con mis dedos,
en tu cuerpo desnudo,
alguno de tus trabalenguas.

Quiero un mago,
que saque de la chistera,
abrazos verdaderos,
y corazones enteros,
de esos, capaces de amar.
De los que no sólo ven carne,
al despertar.

Quiero un mago que me susurre,
poesías al oído.
Que mientras duermo,
escriba para mí,
canciones de amor en verso.

Quiero un mago que me guíe,
que me ayude a saltar,
las piedras del camino.
Y que me haga pasar calor,
cuando tenga frío.

Quiero un mago,
que recorra mi mente,
antes que mi cuerpo.
Y que entre líneas,
sepa leerme.

Quiero un mago,
que se vuelva loco,
con el brillo de mis ojos,
y mis múltiples orgasmos.

Uno, que ría con mis antojos,
que lea conmigo a Bécquer,
y comentemos el brillo de la luna,
al anochecer.
Mientras me agarra de la cintura.

Quiero un mago...
¡Pero no uno cualquiera!
Uno que se enfade con mi impaciencia,
pero se ría con mis triquiñuelas.

Uno que crea,
que no soy bella,
solamente por fuera.
Uno que me despierte,
con sonidos bonitos de cuerdas.
Y que aunque se enfade...
Me repita mil veces:

"Te quiero, ¿no te acuerdas?"

52. TÚ, HOMBRE EXIGENTE

Conoce mi lado ardiente.
Sumérgete en mi lado inteligente.
Apasiónate con mi lado sensual.
Sorpréndete con mi lado más sensible,
y también, el emocional.

Conoce todas mis vertientes.
Tú, hombre exigente.

Te espero en la orilla de la playa,
estaré escribiendo, seguramente.
Te espero caliente en la noche,
con lencería fina,
que rápidamente...
se desabroche.

Demasiada mujer
para tan solo un polvo vainilla.
No te diré lo que me gusta (s),
porque igual te asustas.

Dejaré que me descubras.
Mientras mi alma
se descascarilla.

Quizás para cuando
me conozcas realmente,
ya habré dejado de quererte,
y estas letras ya estarán ausentes.
Puede que ni siquiera seas consciente.

Tú, hombre exigente.

53. ME MUERO

Hay tantas cosas que me gustan...
Como el amanecer en tus ojos,
cuando los abres a medias.
Como mi piel fundiéndose en la tuya.
Como imaginarte desnudo,
en medio de un claro de luna llena.
Como tus caricias en mi pierna.
Como tus cosquillas a medio brazo,
o encontrarme chocolate en la nevera.
Pero hay algo...
¡Hay algo que me encanta sin remedio!
Y es que si pongo mi cabeza en tus piernas,
y tú, me tocas el pelo...
¡Ay! Si me tocas el pelo,
yo, simplemente, me muero.

54. PURA NECESIDAD

La magnitud de tu cuerpo.
Justo es maldito momento.
La profundidad de tu ser.
Aferrarme a tu cuello.

Sentir tu aroma.
Claudicar ante tal desconcierto.
Tu veneno.
Provocar que te coma.

No pienso.
Sólo siento.
Necesito calmar mi sed...
con tus besos.
Escribirte versos.

Y apoderarme de tu sexo, también.

55. LA PASIÓN NOS DESBORDA

Basta una sola mirada.
La cristalización de tus ojos te delata.
Una sonrisa, que me tiene atrapada.
Un olor, que me tiene hechizada.

Tu silueta a contraluz,
en el crepúsculo se funde.
Me ciegas en el trasluz.
De las montañas, eres mi cumbre.

Y en ese mismo momento,
me abalanzo hacia tu cuerpo.
Y se para el tiempo.
Tu boca me vuelve loca.

Y sólo quiero comerte.
Y en su defecto, que me comas.
Y me arrodillo para adorarte.
Entregarme a ti, no es de cobardes.

Y venero tu sexo.
Y cierro los ojos...
y sólo te siento.

Y ahora llamadme loca.
¿Creéis que me importa?

Y mientras tanto...
La pasión nos desborda.

56. TRANSFORMAR LA NOCHE

Con tus manos entrelazadas
por mi cintura.
Besándote de puntillas,
para llegar a tu altura.
Desnudos en la terraza,
a la luz de la luna.
Abrazándonos mientras se cae la noche,
mientras la humedad nos cala
sintiendo en nuestros cuerpos,
cada pequeño roce.
Deleitándonos, en cada palabra,
haciendo versos de cada beso.
Para acabar transformando,
lo romántico en sexo...
Y ahora dime...
¿Se te ocurre mejor plan,
para acabar gozando de lo nuestro?

57. HABITO

Habito un lugar en tu cuerpo,
entre tu ser y tus sentidos.
Habito un rincón esparcido,
entre cenizas y sentimientos.

Entre suturas y recuerdos.
Entre magia y sufrimiento.
Habito en cada uno de tus pensamientos.
Como pasión reprimida.
Como cartel de bienvenida.
Como declararte el dueño de mis heridas.
Habito en un lugar entre espinas,
con carteles luminosos de salida
y engaños subrayados día a día.

Como amarte a escondidas.
Como sentirme vencida y vacía.
Como perdonar a tus actos,
siendo nulos tus besos,
e imaginarios tus abrazos.

Habito en un mundo entre tus costillas.
En un duelo entre estar cuerdo,
y escuchar mis voces de guerrilla.
Entre agazaparse para no morir,
o entrenarse para vivir en rebeldía.

Habitar mi vida.
Habitar en ti, siendo mía.

58. AMARSE

Tus labios, a dos centímetros,
de los míos.
Los míos, cada vez más cerca...
de los tuyos.
Juego con ventaja.
Unos, ya casi se rozan con tu pierna.
Los de ser perdonada.
Los otros, ya están sumergidos en el juego de fuerza,
de pasiones y lenguas.

Mi cuerpo ya arde encima del tuyo.
El tuyo es fuego debajo del mío.
Y sin querer, nos estamos amando.
Porque...¿Qué es amarse sino eso?
¿Qué es amarse, sino enredarse entre sueños?
¿Qué es amarse sino convertir nuestros cuerpos en versos?
¿Qué es amarse sino sucumbir al deseo?

59. ¿TE APETEZCO?

Mujer de silueta ondeada,
eres veneno en mi piel.
Locura de curvas deseadas,
sabor intenso a miel.

Tu boca, eterno desafío,
emite sonidos de placer.
Y ya tu cuerpo ansío,
como el sol busca,
a su amanecer.

Y cuando al fin te tengo,
me haces gemir...
hasta enloquecer.

¡Maldito y bello sustento!

Y tú...
Aún tan loca,
me preguntas,
(con esa boca...)
¡si me apetece!
¿Cómo no me va a apetecer?
¿Qué loco no desearía tus labios,
y verte salvaje, arder?

Y es que me nublo y me embeleso...
Y ya no sé... si dedicarte versos,
si seguir dándote besos...
o si robarte el alma, también.

60. TUS LUNARES

Grandes,
suaves,
pequeños
y negros.
Juntos
o separados.
Redondos
y aterciopelados.
Perfectos.
Imperfectos.
Amados.
Soñados.
Perdidos
y encontrados.

Busco todos tus lunares,
por todos los lugares miserables,
de tu cuerpo desnudo.

Los acaricio
y me desquicio,
en cada verso
que les escribo
a todos ellos,
recorriéndolos con deseo,
como pluma con mis dedos.

Besarlos es mi aliciente,
nos reímos mientras lo hago,
y tu boca sonríe resplandeciente,
al fulgor de mis labios ardientes.

Amo todos tus lunares.

61. ROJO PASIÓN

Desde mi vientre a mi pecho,
siento un pinzamiento.
Sé que lo que sentimos,
llegó tarde a nuestro encuentro.
Y parando el tiempo,
fingimos que ese destino,
no era más que un pasatiempo.
Pero cuando nos dimos la mano,
rozamos el mismísimo cielo.
Y los dos quisimos,
que eso, fuera eterno.

Y mientras la moneda
da vueltas en el aire,
yo intento olvidarte.
Y mientras siento que me sientes,
quiero engañarme.
Y mientras me acuerdo de tus besos,
aquellos que me robaste,
recreo el momento,
en el que me adoraste.

Y mientras te engañas,
pensando que es tarde...
Intento no pensarte.
Sólo me queda soñarte,
y recordar que fui tuya...
por un instante.

62. FLORES CON ISENCIA

Dame un lugar sobre la nada.
Con rosas, esparcidas por nuestra cama.
Velas, encendidas de madrugada.
Violetas, escondidas bajo la almohada,
con notas que me hagan sentir adorada.
Espinas que sienten,
la dureza de tu bajo vientre...
Dando paso, a nuestra vida sexual,
menos corriente.
Cuando me acerco sigilosa,
a cuál mariposa...
Y me convierto en una Diosa,
para hacerte MÍO.
Pétales escondidos...
entre libros.
Música relajante de fondo.
Y en mi oído, tu susurro hondo.
La chimenea encendida,
un jarrón con margaritas,
y hablemos de poesía.

Una bañera con flores de colores,
y jabones con muchos olores.
Sabor a pachulí en tus labios,
y de "hierba buena", tus abrazos.
Incienso olor a jazmín...
Pensar...¿Qué haría yo sin ti?
Me entregaré como el néctar,
a tu esencia.
Y de aquello que quieres que sea...
Desnuda entre las sábanas,

fogosa y peligrosa...
Como un jardín, en llamas.

Tú decides:

¿Me regalas flores, o te salvas?

63. ASÍ... TE SIENTO

Como un árbol vigoroso,
enraizado a la tierra.
Como una semilla que crece,
de la mala hierba.
Como un rayo fortuito
que traspasa una nube.
Como un amigo,
que a tu llamada acude.
Como una voz que te susurra al oído.
Como una manta que te quita el frío.
Como una lluvia de verano,
que hace que te acabes desnudando.
Como una caricia tierna,
de buena mañana.
Como un te quiero,
que sale de las entrañas.
Como un beso,
que se petrifica en el alma.
Como un anhelo,
que atormenta la calma.
Como un músico con talento.
Como un idioma con dialecto.
Como el deseo latente,
de tocar tu cuerpo.
Como pensar en un encuentro,
en el que al segundo de irte...
Ya te echo de menos.
Así, es como te siento.

64. SOÑAR DESPIERTA

Podría dejarte el lado caliente de la cama.
Incluso de forma espontánea esperarte desnuda,
bajo las sábanas.
Podría decirte que eres mi mundo.
Y hasta podría escribirte, un poema profundo.
Podría besarte despacito,
para acabar devorándote cuál salvaje pantera.
Podría ser tu dama, tu puta, tu esclava,
y tu mujer cualquiera.
Podría ser tu musa en cada inspiración.
Podría ser para ti, una eterna canción.
Podría ser tu presente, tu maldita conspiración.
Podría ser tu futuro, uno lleno de amor.
Podría ser tu risa y las cosquillas de una traición.
Podría ser para tu cuerpo, un hechizo de rendición.
Podría ser la piel erizada que se consume con tus besos.
Y las ardientes embestidas que me proporcione tu sexo.
Podría ser el calor de la lumbre del domingo,
mientras tú ves la tele, y yo me leo un libro.
Podría ser tu locura transitoria,
esa que se retiene eternamente en la memoria.
Y hasta podría ser la sorpresa,
de una aventura a toda mecha.
Podría ser la desnudez que te excite
y el cerebro que te verifique, que todo está bien.

Podría ser todo y no soy nada.
Podría dejar este sueño en mi almohada
y seguir pensando en lo que podría haber sido...
Y NUNCA FUE.

65. ¿CÓMO SERÍA...?

¿Cómo sería amanecer entre tus brazos?
Revolcarnos por penúltima vez entre las sábanas,
mientras los primeros rayos de sol,
entran por la ventana...
y volver a comernos,
como lo hicimos de madrugada?
¿Cómo sería... imaginar ser tu persona amada?
La indecencia de tus ojos,
observando la desnudez de entre mis piernas.
Cómo sería... dime,
¿vivir con un poco de incoherencia?
Bailando bajo la lluvia...
y emborracharnos hasta que amanezca?
¿Cómo sería... vivir la vida a medias?
Repartiendo el chocolate que nos quede en la nevera...

66. JAQUE MATE

Eran sus manos en mi pecho,
los que hicieron derramar flujo de mi sexo.
Era la partida ganada a mi cuerpo.

Eran sus labios saboreando los míos.
Y su lengua adentrándose en mi boca.
Era la pieza de ajedrez ganadora.
Eran sus labios, como dos ríos.

Era su frente pegada a mi cara,
claudicando ante tal desconcierto.
Era una Diosa amada.
Era su mejor movimiento.

Éramos empujones y tocamientos.
Éramos niños hambrientos,
deseando comernos.
Y aunque queríamos ser buenos...
la pasión ardió en el infierno.

Y sí, hubo fuego.

67. NO ERA FRÍO

Te amamanté como a un niño indefenso...
pero lo cierto,
es que eras un adulto astuto,
ardiendo en el mismísimo infierno.

Tu mirada clavada en mis ojos,
(si te hubieras visto, entenderías lo que digo...)
y tu lengua jugando a ser mi antojo,
que sin lamer, más que mi pecho,
mojaba otras partes de mi cuerpo.

Y mientras absorbías,
mi pezón se endurecía.
(Y no, no era frío).
Mis gemidos
sonaban contenidos...
y mi cuerpo, erizado y lascivo,
disfrutaba de ese momento...
"Tan mío".
(O quizás, "tan nuestro").

Mi pecho, ya todo endurecido,
esperaba tu aliento,
mamando,
como un carnero hambriento.

El calor de tu boca,
(al acecho),
volviéndome loca,
me hizo volar en aquel encuentro.

Y tu piel,
junto a la mía,
simplemente ardía,
mientras una vez más, moría,
o tal vez, revivía,
lo que un día, estuvo muerto.

No dejes de "conjugarme" nunca.
Porque te aseguro,
que si de mí depende,
serás la tercera persona,
del futuro intencional, siempre.
(Y el verbo, lo elegiré yo).

68. HOY, SÍ TENGO FRÍO

Tú querías que te hiciera el amor.
Entonces, ven.
Abrázame un poquito.
Hoy sí tengo frío.
Bésame.
Túmbate aquí conmigo...
y mírame.
Recorre mi piel,
con tus dedos.
Mímame.
Acaríciame despacito.
Tócame el pelo...
Siénteme.
Y cuéntame tu vida,
que aunque estemos desnudos...
y muera al rozar tu piel...
te escucharé.
Y tranquilo,
que cuando te quedes dormido...
únicamente, te abrigaré.
(Lo siento, no sé hacer el amor de otra manera.
Si hablabas de follar, haberme pedido la guerra).

69. PERDÓNAME

Perdóname, por ver en tus ojos,
estrellas fugaces en medio de la noche,
y pedir un deseo antes de que ya no me mires.

Perdóname, por ver en tu boca corriente,
una sonrisa que atraviesa tempestades
y alegrarme el día, cada vez que me sonríes.

Perdóname, por querer abrazarte,
cuando tenga un mal día o cuando encarte.

Perdóname por sentir que eres mío,
en algún instante.

Perdóname, si se incendia mi cuerpo al mirarme...
Y sólo ansío que vengas a provocarme.

Perdóname...
¡De verdad!
Perdóname por querer pasar juntos,
una tarde en el sofá.
Riendo, follando y fumándonos la vida.

Perdóname por ser una quejica
y pedirte más amor del que puedes darme.

Perdóname, por enamorarme.

70. VA, DE PIELES

Y de repente abro los ojos.
Y allí estoy,
mirando mi reflejo en el espejo.
Llena de sudor y entregada al sexo.
Despeinada y gimiendo.

Tú estás en mi espalda,
sujetando mi pelo.
Pronunciando mi nombre...
y llevándome al cielo.

Embestida tras embestida,
abordas mi cuerpo.
Precipicio sin salida,
cayendo lento.

Tomo las riendas,
girándome bruscamente.
Y clavando tus ojos en los míos,
te digo sugerente:
¿Cómo la piel mojada puede estar ardiente?

A lo que tú contestas dulcemente:
Amor mío,
sólo arden las pieles que se pertenecen...

71. TENGO

Tengo la garganta seca...
de gemir su nombre con sutileza.
Tengo para cada orgasmo,
un atrevimiento descarado.
Tengo la clara certeza,
de que me piensa y me desea.
Tengo un sentimiento puro,
esperando a salir del bolsillo.
Y una caricia que tiembla,
si me detengo cerca de su ombligo.

Tengo un rincón escondido,
para hacerle MÍO.
Y muero porque su traviesa lengua,
al recorrerme no se detenga.
Tengo masajes esperando,
aliviar su bonita espalda.
Y arañazos de pasión,
guardados entre las sábanas.

Tengo retenido su olor,
y lo imagino siempre en mi almohada.
Tengo sonrisas en una mochila,
y quizás, también alguna lágrima.
Tengo "Te quiero" vainilla,
pero también "Te quiero bajo mi falda".

Tengo un poquito de su voz...
guardadita en una caja.
Le estoy enseñando a decir:
"Me encantas".

Tengo anhelo de su cuerpo,
y de sus otros atributos.
Por no hablar de sus malditos besos,
que me dejan petrificada.

Tengo la necesidad,
de chillar al viento...
que me siento enamorada.
Tengo un recuerdo que se repite,
y deja mi cuerpo erizado.
Tengo el sexo mojado,
de imaginar que se acerca.

Y sobre todo...
Tengo la verdadera creencia,
de serle siempre sincera.
Y aunque por todo esto me tachen...
de soñadora, pasional e intensa,
de ¡"menuda loca" la que "recopila letras"!...
Lo cierto, es que no me avergüenza.
Porque sin duda,
eso, es parte de mi esencia.

72. VIAJES DE INSOMNIO

En mis noches de insomnio,
cuando los nervios
se me ponen en el estómago,
y las gotas de lavanda
en mi almohada,
ya se han evaporado,
entonces, empiezo a imaginar...
y me dejo llevar.

Imagino las noches de manto estrellado,
encima de mi pluma,
en mi pueblo favorito, todo adornado.
Con la luz de la luna,
como farola que me alumbra.

Suelo imaginarme en otra vida,
en otro país, en otro continente.
¿Me hubiese gustado verte?
¿Quién hubiese sido?
¿Con quién me hubiese encontrado?
¿A quién hubiese amado?
¿Alguien me habría querido?

Como pensar,
que estoy en otro cuerpo,
amando a otra persona.
O como andar o correr en el agua
y vacilante bailarle a las olas.

Como sentirte dentro,
más duro que una roca.

Como volver a tus labios,
aquellos que enamoran.
Como desnudarme en pleno invierno,
en el bosque de los helechos...
e imaginar que soy la única,
a la que no le afecta el hielo.

A veces, también me imagino pintando
en la sombra de una higuera
y que vienes por detrás,
con una bandeja de fresas.
Nos sentamos y nos besamos,
mientras nos acariciamos.

Me imagino tantas cosas...
que podría explicarte,
una bonita historia.
Otras, soy pirata de los mares
más rebeldes.
Tripulante del sonido del agua,
y amante de los peces.

A veces,
pienso que me fabrico una guitarra,
con madera de un árbol,
que yacía, en una desierta playa.

Otras veces,
me quedo sin tinta en la pluma,
e imagino que le dicto los poemas,
a la mismísima luna.
¡Y lo mejor!
Es que ella no sólo los escribe,
sino que también los recita.

También me imagino que soy astronauta

y en medio de esa luna,
hay un mar de plata.
Y retando a la gravedad,
me quito la escafandra
y en lugar de morir,
vuelvo de nuevo a mi cama.

Ahora ya lo sabes...
Mañana cuando despierte,
desnuda, con ojeras y perezosa,
y quiera poseerte,
ardiente y misteriosa...
No olvides, que en mis sueños,
puedo ser cualquier cosa...

73. MI NAUFRAGIO

Acristalados tus ojos.
Amurallados tus sentimientos.
Verbalizas tu antojo...
enladrillado en mi cuerpo.

Y me voy escapando...
presa de tu encanto.
Difícil manejo,
si hablamos de tus labios.

Y al final siempre me atrapas...
Y si no te tengo, te anhelo.
Como verbo sin palabra.
Como rincón sin pensamiento.
Como tu cuerpo...
recorriéndote en mis sueños.

Y me haces tuya.
"Tuya", es tu deseo.
Y con alas de mariposa,
me dominas sin rogarlo.
Porque yo soy tu Diosa,
pero tú, mi ángel descarado.
Y me río ante tus miedos,
y provoco tu sonrisa.
Y me subo encima de tu cuerpo...
y me dices: "ya eres mía".

Y te miro desde arriba,
sonriéndote, algo altiva...
Y tu respiración se acelera,

con mis giros de cadera.

Y naufragamos a contracorriente.
Los marineros nos envidian.
El sudor de tu frente
y mi pecho ardiente, les cautivan.

Y van viniendo las olas,
con sonidos de caracolas...
Y tú surcas hacia mi isla.
Poros, de Isla cautiva.

Y mi piel, ya está perdida.
Bebes sal yodada,
del mar de entre mis piernas.
Y pienso: "¿Cómo una sirena,
puede vivir sin ellas"?

Pero lo que no me explico...
es como teniéndote,
podría vivir con cautela.
Si solo con mirarte...
mi cuerpo se acelera.

74. TÚ, MI ARTE

Quiero ver(r)s-ARTE de nuevo.
Sí, has leído bien.
No sólo quiero escribirte,
también comerte a besos.
Quiero toc-ARTE...
¡No como se toca a cualquiera,
en cualquier parte!
Quiero toc-ARTE,
acarici-ARTE,
ador-ARTE,
y quiero d-ESCRIBIR-te,
como quien pinta un cuadro,
y lo describe con mucho ARTE.
Quiero envol-VERTE,
envolverte con mis brazos,
y no parar de mir-ARTE.
Y aunque creas que estoy loca,
quiero recitar con tu boca,
y re-TENERTE,
para que no te escapes...
Porque amor mío,
no puedo dejar de pens-ARTE.

75. BDSM

Cuerpos enfundados,
negros y ajustado.
Huele a sexo,
y a deseo.

Castigos humillantes.
Y azotes gratificantes.
Bocas tapadas,
miradas encontradas...
Chillidos y alaridos.

Cadenas que dan la libertad,
para quién se deja llevar,
y dona a cambio su voluntad.

Cuerdas de placer infinito,
y en cada nudo, un mimo...
Caricias acompañadas,
de nalgadas ilimitadas...
y en cada rincón, un juego.
Y en cada partida, un credo.

No somos raros, ni enfermos.
Somos sexo con juegos.
Somos respeto sin juicios.
Somos todo, estando unidos.
Somos nada, solos,
y nos sentimos vacíos y perdidos.

Látigos, fustas y pinzas.
Pasión carnal,

salvaje y sexual,
respiramos placer comprendido.

Pero jamás lo entenderás...
si nunca lo has vivido.

76. ENAMÓRAME

Si a veces me quedo en silencio,
es que te pienso.
Si me embobo al mirarte,
es que te siento.
En cada paso que acarrea nuestro destino,
en cada movimiento,
por sutil que sea contigo.
En cada momento,
de los que estamos compartiendo.
Día a día,
lo que en mi vida vas añadiendo.
Vivir a tu lado.
Imaginar morir contigo.
No hay lugar para el olvido,
superando lo vivido,
para esclarecer lo nuestro
y adivinar nuestro destino.
Y de momento,
y mientras todo pasa...
Quiéreme.
Disfrútame y déjame hacer lo mismo contigo.
Sonrójame.
Y déjame sonrojarte al tocar tu piel.
¡Y báilame!
¡Y cántame!
Y vivamos al límite, joder.
Y riamos, mientras haya tiempo.
Y volemos, con el viento.
Y queramos, a corazón abierto.
¿Por qué... acaso es tan loco vivir en un sueño?
Enamórame...

Y te enamoraré.

77. TE ESPERO

Traza líneas paralelas en mi cuerpo,
con las caricias de tus dedos.
Dibuja sombras. Borra tus miedos.
Siente el arrecife,
que baja hacia mi sexo.
Tócame.
Siénteme.
Déjame que te verse. Has oído bien.
No me desnudes sin sentir mi piel.
Si te pierdes...
el reflejo de mi espejo,
te hará volver.
Construye con tus manos...
el placer de lo nuestro.
Labios con labios.
Cuerpo con cuerpo.
Sexo con sexo.
Y ámame despacio...
cuando vengas a mi encuentro.
Te espero.

78. TE QUIERO

Te quiero al final de mi espalda.
Allí donde acaba mi figura
y comienza la curva de mis nalgas.
Donde acaba el romanticismo,
y empieza la pasión desbordada.

Te quiero haciéndome rabiar,
mientras la risa se nos escapa.
Te quiero engañar,
mientras buscas tu pijama.
Y mirarte desnudo,
hasta que te des cuenta...
de que era yo quien lo guardaba.

Te quiero bien despierto,
en las noches de picardía negro.
Te quiero intentando,
robarme los besos.
Y haciendo de mis antojos,
tus únicos privilegios.

Te quiero en el hueco,
de entre mi lunar y mi pecho.
Ese que sólo nosotros,
sabemos que tengo.

Te quiero hambriento,
cuando veas mi sexo.
Ansioso de hacerme tuya.
Y deseoso, de hacer sudar mi cuerpo.

Te quiero aguantando mis nuevas creaciones,
aquellas que hago sin más dilaciones.
En las que me sumerjo,
llena de ilusiones.

Te quiero escuchando todos mis poemas,
y leyendo conmigo a Bécquer,
en noches de tormenta.
Te quiero aguantando mi impaciencia,
esa que me hace un poco compleja.

Te quiero compartiendo
una copa de vino,
mientras me susurras...
palabras lascivas al oído.
Mientras preveo una noche...
llena de vicio,
de sexo salvaje y ardientes sonidos.

Te quiero, porque te quiero
y quiero decírtelo.

79. CAOS

El caos de mi cuerpo,
entre orgasmos satisfechos.
Una cama desecha.
Un veneno,
el de tus besos.

Un algoritmo claro,
descifra, cómo acabó tu lengua,
entre mis piernas.
Sabor agridulce...
que poco a poco, te empodera.

Maldito delincuente,
robaste mi coherencia.
Y sólo pude volar,
gimiendo entre las estrellas.

80. POST SEXO

Aún con la respiración agitada,
y el sudor brillando en mi cuerpo,
me aparto despacio,
de encima de tu sexo.

Sábanas mojadas,
que han jugado a ser heroínas
para culminar el deseo,
de horas desmedidas.

La habitación guarda secretos...
que quedan en cada rincón,
en cada cajón.

Las ventanas cerradas
rebotan los sonidos de placer.
Chillidos, gemidos y alaridos.

Desnudos,
descansando a la merced.

Pelo despeinado,
maquillaje corrido,
y en nuestros cuerpos: fluidos.

81. TU BOCA

Tu boca húmeda,
junto a la mía.
Eso sí, es poesía.
Tu boca, bajando a mi ombligo.
Eso sí, te hace mío.

Tu boca...
¡Ay ¡Tu boca!

Tu boca lamiendo mi piel.
Buscando, mi dulce miel.
Tu boca sedienta.
Queriendo adentrarse,
en mi tormenta.

Tu boca...
¡Ay! ¡Tu boca!

Tu boca absorbiendo mi fluido.
Bebiendo dichosa.
Tu boca, déjame que la coma.
¡Bendita boca!

Tu boca mordiendo mis labios,
esta vez, los de mi boca.

Tu boca...
¡Ay! ¡Tu boca!

Tu boca callada,
tu boca charlatana,

tu boca juguetona.

Tu boca...
¡Ay! ¡Tu boca!

82. POESÍA

¡No me digas que no entiendes,
cómo puede gustarme la poesía!

Mientras haya cielos,
con grandes nubes,
de distintas formas...
Mientras haya mares,
azules o turquesas,
con olas o sin ellas...
Mientras haya paisajes que ver,
desde horizontes, montañas o trenes...
Mientras haya árboles,
como los sauces llorones,
que por sí solos, se embelesen...
Mientras haya luna llena,
noches oscuras de manto estrellado...
Mientras haya primavera,
flores de colores,
y olor a hierba fresca...
Mientras haya prados,
llenos de pasto,
para los salvajes caballos...
Mientras haya montañas,
llenas de nieve blanca,
y hombres que suban
a sus cumbres caminando...
Mientras haya niños
jugando en los parques...
Mientras haya libros nuevos,
en mis estantes...
Mientras haya música,

que me haga cerrar los ojos,
y alegrar mis oídos...
Mientras haya gente con arte,
en las calles...
Mientras haya amor en el aire,
y abrazos verdaderos...
Mientras haya palabras,
bonitas y dispares...
Mientras haya bocas que besen,
y labios que susurren...
Mientras haya caricias nobles,
y brazos que protegen...
Mientras haya ojos azules,
marrones o verdes,
que inspiren canciones...

Y ahora...
¿Aún no entiendes, cómo puede gustarme la poesía?

Como escribió Bécquer,
podrán no haber poetas,
pero mientras el mundo exista:
HABRÁ POESÍA

83. OLVÍDAME

Olvídame, por favor,
le dije, mientras abandonaba la habitación.
Y hoy, 340 horas después,
lloro y me muero,
por volverlo a ver.

Recuerdo su pelo negro,
con esa coleta,
su cabello recogido,
inamovible con el viento.
Aunque lo cierto,
es que cierro los ojos,
e imagino, su cabeza,
entre mis piernas.

Y me estremezco pensando,
que erizaba la piel de mi cuerpo,
y siempre conseguía,
hacerme arder en el infierno.

Su boca,
(preciosa, por cierto),
no sólo me robaba la pasión de mis besos,
sino que también,
me recitaba versos.

Y yo, moría con sus palabras,
tan bellas como intensas,
rasgaban mi alma,
y atormentaban mi calma.

-No me llames,
lo nuestro no puede funcionar.
Le dije, haciéndome la dura,
y sin mirar atrás.
Y ahora, anhelo...
el perfume de su cuello.
¡Joder, como lo anhelo!
Y pienso, en el placer,
de recorrer,
una vez más,
con mis labios...
su cuerpo.
Aún sueño,
con sus gemidos,
sus palabras lascivas,
sus mamíferas embestidas,
y sus estallidos,
en mi boca.

Y es que...
no sólo nos follábamos el cuerpo,
sino que al acabar,
nos relatábamos el cuento,
nos contábamos la historia,
y nos recitábamos versos.

Éramos dos putos locos,
entre sábanas mojadas,
libretas escritas,
y hojas arrugadas (en la cama).
Nos peleábamos por ver,
¡quién escribía antes a quién...!
Otras veces,
jugábamos a improvisar palabras,
y quién perdía,
regalaba al otro,

orgasmos llenos de poesía.

¡Si él supiera cuánto le añoro!
La de lágrimas que he derramado...
Pero Granada,
sigue estando lejos.
Ciudad de versos,
de Lorca o Quevedo...
pero no para mí,
que vivo, cerca del cielo.

Aún lo recuerdo fumando,
en aquella mesita pequeña,
con mantel estampado.
Yo lo miraba embobada,
mientras él,
escribía concentrado.

Reconozco que me encantaba.
Amaba su silencio.
Sueño con sus bromas,
de acento mezclado,
entre el sur de España,
y algún país lejano.

Y muero cada noche,
por hacerlo mío de nuevo.
Él no lo sabe,
(y seguro que ya no se acuerda),
de nuestras noches en vela,
escuchando y criticando,
nuestros propios poemas.

Y es que he sido una tonta,
egoísta y loca,
por dejar escapar, su alma rota.

Y ahora...
341 horas pasan,
desde que escribo para él,
trozos de mi alma.

84. DATE PRISA

Apresúrate despacio,
y descubre quién soy lentamente.
Léeme entre líneas,
y deja que mis letras,
recorran primero tu mente.

Luego vuela y siente.
Y después de todo eso,
acércate a mi cuerpo.
Mírame a los ojos,
y siente cerca mi aliento.

Acércate a mis labios
y bésame tiernamente.
Deja que mis gemidos,
te enciendan dulcemente.

No tengo prisa,
para recorrerte.
Unamos nuestros cuerpos,
levemente.

Susúrrame en mi oído,
lo que sientes.
Y hazme luego tuya,
para siempre.

85. MALDITO

Malditos tus ojos.
Los que un día me miraron,
y me enamoraron.
Malditos tus abrazos,
los que sostuvieron mis miedos.
Malditas sean mis manos,
las que me acariciaban en sueños.
Maldita sea tu boca,
la que robó mis mejores besos.
Maldito...
Maldito tiempo en el que fuimos.
Maldito tú,
recorriendo mi cuerpo,
amándome en silencio.
Malditos los orgasmos,
que proclamamos al cielo.
Malditas las horas,
eternas de sexo.

86. MUSA DE NADIE

Yo, que entregué todos mis poemas a la vida.
Creyéndome rapsoda de la palabrería.
Que con mis letras desgarré almas y atravesé tempestades…
Que mientras abrazaba a la pluma,
me acurruqué en la RAE.
Yo, que quería ser escritora y quedé para vender postales.
Y que junté letras,
creando mi propio arte.
Que ardí y lloré,
al mismo tiempo que escribía.
Y que tatué en mi piel,
la palabra poesía…
Que parí canciones de amor,
delicadas como la alfarería.
Yo, que sentí que de los besos, nacieron versos…
Que yo misma desearía.
Yo, que conté métrica,
hasta con los pulgares.
Y que hice con mis rimas,
un último baile…

¿Por qué jamás, me sentí musa de nadie?

87. MASOCA

Tengo verso y besos,
que llevan tu nombre,
grabado a fuego...
en mi piel.
Tengo de tu cuerpo...
anhelo de hambre y sed.
Tengo escalofríos...
cuando juegas a ser mío.
Y muero si te pienso,
perteneciendo a mi destino.
Y aunque seas mi castigo...
No quiero que me perdones.
Quiero seguir castigada,
en todos los rincones.
Quizás sea una masoca,
pero si esa es la única forma...
en la que puedo tenerte,
no me importa seguir...
castigada para siempre.

88. QUÉDATE ESTA NOCHE

Quédate conmigo.
Esta vez no huyas...
Quiero que me hagas tuya,
y en su defecto, hacerte mío.

Borra mi deseo.
Tacha nuestro anhelo.
Átame a la cama,
súbeme la falda...
y rómpeme las medias.

Mátame con tu olor.
Te pediré rendición.
(Si eso es lo quieres)
y ponme de rodillas,
(no rezaré a Dios).

Enciende la llama que un día ardió.
Quédate esta noche,
te lo pido por favor.
No son sólo cenizas,
aún queda carbón.

Tiñe de colores mis llantos...
Y ablándame el corazón.
Quédate esta puta noche...
y entenderás la razón.

Sin nada más que explicar...

Fdo. Tu amor.

89. MI CASTIGO

Me aferro a la lírica de tus palabras,
porque ya no me queda calma.
No te das cuenta de lo que hiciste...
yo jamás te dije nada.
Para ti sería una aventura...
pero a mí, me tocaste el alma.
El destino es caprichoso,
y nos jugó una broma macabra.
Y cuando el tiempo,
ya sólo es tiempo...
La intensidad no sirve de nada.
Sólo un día fuiste mío.
Pero siempre estarás en mi almohada.
Eres mi sueño y mi delirio.
Mi pensamiento y también mi calma.
Siempre serás mi castigo infligido,
y siempre llevaré...
tus letras en mi espalda.

90. AHÍ TE TENGO

Conozco esa mirada...
Es divertido ver como tú solo te atrapas.
Te vas sumergiendo en mi cuerpo,
en tus pensamientos.
En tus deseos.
Lo cierto, es que me gusta ser parte de ello.
Pertenecer a ese misterio.
Ser tu veneno.
Pensar que tu boca es mía y retengo tu aliento.
Que nos contamos historias,
y maldecimos al tiempo.
Que tu lengua chupan mis senos.
Que tus manos cogen mi cara,
mientras nos corremos.
Otras, nos veo riendo.
A veces, te despierto tocando tu sexo.
Otras me tumbo contigo y masajeo tu cuerpo.
Y otras sólo te veo.
Te miro, me miras, e intento adivinar si eres un sueño.
Entonces es cuando estiro mi mano y te toco.
Y (soñando o no) ahí te tengo.

91. ENGANCHADOS

Adicta a la droga de tu cuerpo.
Boca con boca.
Mente y lamento.
Sudor y sexo.

Entregados en un mismo encuentro.
Arraigados a un mismo sentimiento.
Volando, sin remordimientos.
Atrapados, en el mismo intento.

Enganchados a morir sintiendo.
Estando unidas nuestras pieles.
Triskel de entrega a tiempo completo.

Cuerpo, mente y alma...
en un mismo lecho.

92. SIN TI, NO SOY NADA

Soy una transeúnte que camina descalza,
soy el lado vacío de la cama.
Soy las llagas de los pies en romería,
soy agua calada de una tormenta fría.

Soy la noche oscura
y el poema que amarga.
Soy diablura, de piel aterciopelada.
Sin ti, no soy nada.

Sin ti, tengo el combate perdido.
Mi reloj ya no marca las horas.
Siento en mi piel escalofríos.
Y sólo pienso en tu boca.

Maldita loca...

93. TU REFLEJO (PROSA POÉTICA)

Vivo en el reflejo de tus ojos.
A veces te observo y me veo escribiendo en mi rincón favorito.
Y no es que mis pupilas sean más grandes o sean espejos...es
que me miras embobado, en cada uno de mis movimientos.
Riendo con una copa de vino, mientras recojo mi
pelo y me hago un moño desaliñado y feo, entonces...
busco en tus ojos y me veo.
Mientras bailo semi desnuda y tú, te quejas porque no te gusta
mi música, y yo me río, porque lo sé, y en realidad, no la pongo
sólo para bailar, sino porque me encanta hacerte rabiar.
Cuando estamos en el sofá y apoyo mi cabeza en tus piernas,
o cuando te despierto tocando entre risas tu "grandeza".
Me veo reflejada en tus ojos, mientras cocino algo
rápido y vienes por detrás a darme una palmada en el
culo, para después escuchar que te provoco con mis
movimientos, y yo, con las manos llenas de harina y sin
saber bien que hice en ese momento...me dejo llevar,
cuerpo con cuerpo, una vez más, sin dar crédito.
Me veo en tus ojos, cuando me estoy arreglando para salir y no
sé que vestido ponerme... entonces vienes a hacer la misma
broma de siempre... la de la falda corta o el escote ardiente.
¿Dónde está tu chándal? Me dices rabioso, mientras
te saco el dedo, haciéndome la enfadada.
Me veo...
Me veo reflejada cuando cabreada sigo tocando la
misma canción con mi guitarra y escucho de fondo
"a cabezona no te gana nadie", y me río porque es
verdad, pero sabes, que al final, me sale.
En cada una de mis locuras, en los "date prisa",
en los "necesito hacerlo", en los "vienes o me voy"
y hasta en los "déjame, que yo puedo".

Me veo...
Me veo concentrada en la lectura de mi último libro y tú de
reojo ves cómo aparto mi pelo...y una vez más me veo.
Me veo en tus ojos marrones de nuevo.

Y no sé si la vida será sólo eso.
Pero ya me sirve...
ver como pasa mi vida, en tu reflejo.

94. OTRO DESTINO

A veces me aferro a la vida.
¿Suena incoherente?
Escapar de la propia huida.
Entrar buscando una salida.

Me aferro a tu cuerpo,
y a tu forma de mirar.
A tus manos,
y a tu forma de tocar.

Otras veces me enfrento...
Desnuda, al frío del aguacero.
A la llama del volcán que trae el viento.
Al sentir de tu anhelo.
Tu puto anhelo.

A veces, me sumerjo.
En la profundidad de tus besos.
En la pasión del recuerdo.
En aquel lugar bajo el cielo.

Otras, me pierdo.
Entre sueños.
Entre el "cómo es" y el "cómo hubiese sido".
Entre tenerte y soñar contigo.

A veces, simplemente me castigo.
Por haberte dejado escapar
y nunca habértelo pedido.

Quizás en otra vida...

En otro rincón,
en otro lugar...
nos espere otro destino.

95. NUESTRO LECHO

Mírame.
Me ordenas sigiloso,
perdido entre mis curvas.
Clavo mi mirada en tus ojos.
Ardiente, te provoco,
con mi piel desnuda.
¿Crees que me asustas?

Puedo hacer lo que quiera contigo.
Puedo hipnotizarte.
Picarona... sugerirte mi castigo.
Y entre risas, embobarte.
Y sin dejar de mirarte,
me adueño de tu boca.
Siento que explotas.
Pero la verdad, no me importa.

Me gusta llevarte al cielo.
Torturar tu mente, hasta el último momento.
Jugar a ser tu Diosa.
Y entre sábanas mojadas, comerte entero.
Sentirme a tu lado, la más valiosa.

Apoderarme de tu mente y de tu cuerpo.
Bajar por tu pecho...
pararme en tu ombligo y contemplarte.
Y con mis armas de mujer, enamorarte.

Lo que viene después...
sólo lo sabrá nuestro lecho.

96. Y NO CREO EN DIOS

Tus manos aferradas...
a la piel de mis nalgas.
Tus caricias son aterciopeladas...
remolinea el viento entre nuestros alientos,
murmuros, que salen del alma.

Curvas desnudas a la luz de la luna,
gemidos que se escapan.
Vuelan tus ansias,
atrapadas por mis ganas.

En un baile de sexo,
el sudor empapa la noche,
y los gemidos intensos...
se vuelven alaridos,
con un simple roce.

Y sólo sonrío,
porque la única cosa que puedo hacer...
es aprender viviendo.
¡Y que me perdonen los cielos...!
Pero por Dios...
¡Que ardan nuestros cuerpos!

97. TU VERBO

Te acercas por mi espalda.
Noto un escalofrío...
y tu presencia pegada.
Aún no lo sabes, pero ya eres mío.

Tus manos me cogen por mi cintura.
Tu boca busca mi oreja.
Me susurras que soy una hermosura.
Descarada, me doy la vuelta.

-Déjate de cuentos y moralejas.
Ven aquí, ¡vas a arder entre mis piernas!
Y eso es lo que quieres... arder sin pausa.
Y sin saber cómo...
Soy tu musa y también tu causa.

Y viajamos al infierno.
Allí dónde las llamas son diarias.
Me arranco la blusa,
mostrándote mis duros pechos.
Y tú me miras con estupor.
Mi cuerpo brilla, lleno de sudor.

Conozco esa mirada.
Ya no hay frenos en tu deseo.
Ya me tienes apropiada.
Yo ahora seré tu verbo.

Tu verbo gemir.
Tu verbo morir.
Tu verbo desear.

Tu verbo sentir.
Y hasta tu verbo... amamantar.

Conjúgame si quieres.
Porque escapar...no puedes.
Tú crees que me retienes.
Pero soy yo la que te tiene.

Y me encantan estas guerras.
Dónde el amor, lo dejamos fuera.
Y mientras tu cuerpo se acelera...
Sufrirás. Porque no te daré tregua.

98. QUIMERA

Eres mi quimera.
Y no me gusta la mitología,
aunque algún día,
en algún cuento, fui una sirena.

Aunque para algunos...
sea una guerrera.
No hablo del león,
con cuerpo de cabra
y cola de dragón.

Hablo de los sueños
que braman en mi mente...
cuando duermo.
De cómo te veo despierta,
y de cómo te siento.

Hablo del inalcanzable deseo...
de tocar tu cuerpo.
Y rendirme, ante tu movimiento.
Hablo del fuego que atrapa tus sentidos...
y los hace míos.

Hablo del empoderamiento.
De tu veneno.
Un veneno que me hace adicta
y nubla mis sueños y deseos.
Quimera...
Fútil quimera de mi esclavitud.
Ansiada quimera de la eterna juventud.
Quimera de ilusión.

Producto de mi imaginación.
Quimera inalcanzable.
Quimera maleable.
Y como la misma quimera...
personaje de ficción.

Ay... ¡Mi quimera!

99. SUS PIERNAS

Piernas morenas,
de paso convincente,
y traqueteo de caderas.
Ni gruesas, ni delgadas,
curvas aterciopeladas...
y tensión latente.

Inspiración de algún músico,
musas de algún poeta,
y aliciente de algún loco.
Extensión de provocaciones,
piel con imperfecciones
y deseos incomprendidos.

El largo de sus piernas,
te llevarán a la locura.
Recrear el sexto sentido,
será su mínimo objetivo.

¿Conoces el fuego del infierno?

100. NADA IMPORTA

En la inmensidad de la noche,
trazo con mis dedos tu silueta.
En la inmensidad de la noche,
mi cuerpo arde y mi deseo aumenta.

Las luces son confusas,
me traen a tu imagen difusa.
EL aire lleva tu perfume...
y mi ardiente líbido, sube.

De repente y sin llegar a imaginarlo...
tus manos cogen mi cintura.
Me sobresalto y me vuelvo...
y me parece estar en el cielo.

Mantengo tu mirada,
casi ni respiro, embobada.
Me da un vuelco con tu sonrisa.
Y acariciándome la cara...
me susurras: "poetisa".

Y ya no sé si besarte,
o quedarme tu boca y torturarte.
¿Acaso crees...
que te dejaré marcharte?

Y me aprietas junto a tu pecho.
Y yo quiero que sea mi lecho.
Y siento el aire de tu aliento.
Y tú, mis jadeos al descubierto.

Nuestro calor aumenta,
se prevé una tormenta.
Y como una loba en celo,
empiezo el movimiento.

El de mis labios, junto a los tuyos.
El del roce de nuestros sexos.
Tus brazos son mi arrullo,
y por fin, nos comemos a besos.

Y la noche se hace corta,
la pasión no afloja...
No saldremos ilesos,
pero ya... nada importa.

AUTORA: Isa Calixto (Isabel Molina Calixto)
Instagram: @isacalixtoletras

Ilustración portada: Gemma Vidal Solé

Printed in Great Britain
by Amazon